American Poetry in a Korean World

한국 세계 속의 미국 시

By DJ Reed

Translations By Kim Hyo Jin & DJ Reed

디재리드 지음

김효진, 디재리드 번역

DJR 출판

퍼카시, 펜실베니아 18944 미국

DJR Publishing

Perkasie, PA 18944, USA

eBook ISBN-13: 979-8-9889034-1-3
Print ISBN-13: 979-8-9889034-0-6

1. Poetry -Collections.   I. Reed, DJ
II. Reed, David J.
III. Kim, Hyo Jin

Roman Text set in Palatino Linotype and High Tower Text
Korean Text set in Batang and Malgun Gothic

Printed Worldwide

Dedication/이 책을 바칩니다

This book is dedicated to future Korean and English language learners. Learning a new language at any age can be a challenge, but poetry almost never translates well between languages. I have done my best to convey my English meanings in Korean for those who are interested.

이 책은 미래의 한국어와 영어 학습자를 위해 지어졌습니다. 나이에 관계없이 새로운 언어를 배우는 것은 쉽지 않습니다. 특히 시는 다른 언어로 제대로 번역되는 경우를 찾기가 쉽지 않습니다. 이 책의 독자분들을 위해, 영어로 적힌 시의 의미를 한국어로 오롯이 표현하기 위해 최선을 다했습니다.

Contents/목자

Acknowledgements

I would like to acknowledge everyone I have met and become friends with over the last several months beginning in the middle of 2022 going into 2023. Even though most of you are a great distance away and we mostly talk via different ways of messaging, pictures, and memes; each conversation, each interaction has a meaning and is precious. All of our lives are precious and we will all receive the special gifts of life that we yearn for in due time.

감사의 말

2022년 중반부터 2023년으로 넘어가는 지난 몇 달 동안, 나의 친구가 된 모든 이들에게 감사를 전합니다. 우리는 대부분 아주 멀리 떨어져 있고 메시지와 이미지, 그리고 밈으로 소통하고 있지만, 우리들의 대화와 소통은 하나하나 유의미하고 소중합니다. 우리의 모든 삶은 소중하며, 때가 되면 우리 모두는 서로가 갈망해왔던 삶의 특별한 선물을 받게 될 것입니다.

Friends

These are the people you choose to share some of your life with.

The ones you laugh and love and cry and play with.

Some of our friends are closer than others,

Whether that be in distance or trust, like siblings or lovers.

A friend is so special, each in their own way.

They are always with us each step of our way,

Through life as our guides

Maybe not always by our sides,

But will be our host

When we need them the most.

친구들

그들은 당신 삶의 일부를 나누고자
당신이 선택한 사람들입니다.
함께 울고 웃고 사랑하며 시간을 보내는
사람들입니다.
그들 중 일부는 멀리 떨어져 있더라도
다른 이들보다 너 친밀히며,
때로는 형제 자매나 연인처럼 신뢰하기도 합니다.
그들은 마치 길잡이처럼
우리 삶의 모든 발걸음에 함께 합니다.
어쩌면 우리 곁에 항상 함께하지 않을지도 모르지만,
우리가 그들이 가장 필요할 때,
반드시 당신을 지켜줄 것입니다.

Love

It's a feeling you can't describe.

It's an emotional sort of vibe.

It gives you highs. It gives you lows.

It's like a brilliant flower that blooms through the snows.

It is all so powerful and yet it has none.

Let love flow through you to have the most fun.

And when you find a love that's true,

For the rest of your life, it will carry you through.

Then at the end of this life you feel vexed,

You'll find that same love again in the next.

사랑

이것은 당신이 표현할 수 없는 감정이에요.

일종의 감성적인 분위기라구요.

당신을 들뜨게 했다가 우울하게도 하죠.

마치 눈 속에서 피어나는 화려한 꽃과 같아요.

너무도 강력하지만 아직은 아무것도 가지고 있지 않아요.

사랑이 당신 안에 흐르게 하세요.

최고의 기쁨을 누릴 수 있도록요.

진전한 사랑을 찾게 되면,

바로 그 사랑이 당신의 남은 삶을 이끌어 줄거예요.

그 삶의 끝에서 당신은 고통스럽겠죠.

그리고 당신은 다음 생에 같은 사랑을 다시 찾게 될 거예요.

Silence

It is when the noises and communication of people in the world that you are used to hearing stops.

Sometimes it is welcome,

other times it is deafening.

When it is the latter, you wonder what you did wrong.

When it is the former, you wonder what you did right.

Which day is it for you? Latter or former?

침묵

그동안 익숙하게 들어왔던 온 세상 사람들의 말소리와 소음이 멈춰버린 순간.

때로는 반가운 일이지만,

어떨 때는 귀가 먹먹할 정도로 요란합니다.

후자라면, 당신이 무엇을 잘못했는지 궁금하겠죠.

전자라면, 당신이 무엇을 잘했는지 궁금할 거예요.

오늘은 당신에게 어떤 날인가요? 후자인가요, 전자인가요?

Stress

The trials of life that make us stronger,

Can sometimes take a toll on our health.

It doesn't matter your age or your stature,

Nor time of day, nor firmness, nor wealth.

So mind yourself to remain calm and sane minded,

So not to be driven so crazy and blinded,

That your stress takes so heavy a toll,

On your body so much that it makes you grow old,

Before your time, to the angels you send,

Your life before you too early an end.

스트레스

삶의 시련은 우리를 강하게 만들지만,

때로는 건강을 망칠 수 있어요.

당신의 나이나 지위와는 상관없어요.

시간도, 체력도, 재력도요.

그러니 항상 침착하세요. 평정심을 유지하세요.

스트레스가 지나치게 커져서

당신을 미치게 하거나 눈이 멀게 누시 마세요.

스트레스로 당신의 몸이 늙어버려,

아직 때가 오기도 전에, 천사들에게 보내져

당신의 삶이 마무리 되지 않도록.

Lost and Found

Losing something or giving something up is part of the path to things far greater than you had before even though it may not seem like it at the moment.

Even what is lost or given away may return to you in abundance - in a positive way.

Life is about giving of yourself to others, in ways neither you nor they ever expected or possibly experienced.

That is the joy of life, love, and companionship.

분실물 보관소

무언가를 잃어버리거나 포기하는 것은 현재 당신이 가진 것보다 더욱

넓고 깊은 무언가를 얻기 위한 여정의 일부입니다.

지금은 그렇게 보이지 않을지언정 말입니다.

당신이 잃어버린 것, 포기했던 것들은 언젠가 더욱 풍요롭게, 더욱 긍정

적인 방식으로 다시 돌아오기도 합니다.

삶이란 당신과 타인이 기대하거나 경험하지 못한 방식으로 다른 사람

에게 자기 자신을 주는 것입니다.

그것이 바로 삶의 기쁨이자 사랑이며, 동행입니다.

#love #friends

Once in each lifetime a love comes along that you may never be able to have.

It may be the strongest love for someone you have ever felt.

Love at first sight.

Or an undying love from lives past.

If you are lucky, you can be with this love.

However it typically is, you have committed yourself to another and cannot break that bond.

The best you can do is love that person as much as you can by being their friend and committing your unwavering support.

You love them, that will never change, but you cannot be theirs and they cannot be yours.

#사랑 #친구들

누구나 인생에 한번쯤은 결코 가질 수 없는 사랑이 찾아와요.

아마도 당신이 느껴본 가장 강력한 사랑일거예요.

첫눈에 반한 사랑.

아님, 전생에서 이어진 불멸의 사랑.

운이 좋다면 당신은 이 사랑과 함께할 거예요.

하지만 보통,

사람들은 다른 이를 위해 헌신하고 그 관계를 깨뜨리지 못하죠.

당신이 할 수 있는 최선은

그들의 친구로써 확고한 지지를 약속함으로써

그 사람을 최대한 사랑하는 거예요.

당신을 그들을 사랑한다는 사실은 결코 변하지 않아요.

그러나 당신이 그들의 사랑이 될 수도,

그들이 당신의 사랑이 될 수도 없어요.

Insanity

I'm oft to lose control,

My sanity, I don't know.

In my mind I can see,

Too many things surrounding me.

What I taste, touch, see, and feel,

Is it imagined, is it real?

So much going on, so much sowed,

In my mind, is 'bout to explode.

Can I come to grips of today?

Can I keep the unreal at bay?

What do I feel, fear inside?

From all these thoughts, can I hide?

For all these things I must be strong.

My mental powers to move along,

With help to get me past this state.

With purpose and balance I must equate

광기

나는 가끔 자제력을 잃곤 해.

내 정신이 어디 있는지 나도 모르겠어.

내 마음 속이 들여다 보여.

나를 둘러싸고 있는 것들이 너무 많아.

내가 맛보고, 만지고, 보고 느끼는 것들,

이건 모두 상상일까? 현실일까?

내 맘속에 너무 많은 일들이 벌어지고 있어, 너무 많이 벌려 놨어,

곧 폭발할 것만 같아.

내가 오늘을 받아들일 수 있을까?

비현실적인 상황을 멀리할 수 있을까?

지금 내가 느끼는 것은 내면의 공포일까?

이 모든 생각들로부터 난 숨어버릴 수 있을까?

모든 것들을 위해서 나는 강해져야만 해.

나의 정신력은 계속 앞으로 나아갈 거야.

현재를 이겨낼 수 있도록 나를 돕는 손길과 함께.

내 안에 동등한 목적과 균형과 함께.

Myself and my mind,

To leave the darkness far behind.

Be in the presence of Your soul,

To once again make me whole.

I know that I can see this through,

With the love that is You.

나 자신과 나의 마음,

어둠을 저 멀리 뒤에 남겨 두기 위해.

성령의 임재 안에서

다시 한번 나를 온전케 하소서.

나는 이 모든 것을 견뎌낼 수 있어.

하나님의 사랑으로.

Giving Thanks

Enjoy this day,

Together we pray,

For family and friend,

Together with no end.

And to those who are without,

Our hearts we send out,

In hopes that some day,

To know you, we may,

Be able to share,

And know that we care.

감사를 보내는 날

오늘을 즐기세요,

우리 함께 기도해요,

가족과 친구를 위해서,

끝없이 함께 해요.

그리고 아무것도 갖고 있지 않은 사람들에게

우리가 보내는 마음,

언젠간 우리가 당신을 알 수 있도록,

함께 나눌 수 있도록,

우리가 당신을 소중히 여기고 있다는 걸 알 수 있도록.

My Dear Friend

I lost a friend yesterday…

Yesterday, I went to a party.
A party to celebrate my dear friend.

As I arrived, I saw my friend.
I went inside her house and saw her again.
Everywhere I turned, I saw my friend.

I talked to my friend.
Shared some food with my friend.
Shared some drink with my friend.
Shared some time with my friend.

I lost a friend yesterday…

As the party wound down for me,
And I had to ready to leave,
I realized,
My dear friend I did not see.

I spoke to many people.
Her husband, friends, and family.
Some I knew, others not.
You all are her legacy.

내 소중한 친구

나는 어제 친구를 잃었다..

어제, 나는 파티에 갔다.
나의 소중한 친구를 축하하는 자리.

도착했을 때, 내 친구를 보았다.
그녀의 집에 들어가 그녀를 다시 보았다.
어딜 가도 내 친구가 보였다.

나는 친구와 이야기를 나눴다.
친구와 음식을 함께 먹고,
친구와 음료를 함께 마시고,
친구와 시간을 함께 했다.

나는 어제 친구를 잃었다..

파티가 끝나고,
나는 떠나야 할 시간이 되었다.
그때 나는 깨달았다.
내 소중한 친구가 보이지 않는다는 것을.

사람들에게 이야기 했다.
그녀의 남편, 친구들, 그리고 가족들.
그 중에는 내가 아는 사람도, 모르는 사람도 있었다.
모든 이들이 그녀의 유산이었다.

I lost my dear friend yesterday…

I was out when the call came in,
'Bout something we didn't know.
God had called us all that day,
O'er two weeks ago.

I was told my dear friend had passed,
Not something I could believe.
My mind could not comprehend,
That which it couldn't see.

I lost my dear friend yesterday,
Now I find it is true.
With her husband, family, and friends,
I still have her in you.

나는 어제 친구를 잃었다..

전화가 왔을 때, 나는 부재중이었다.
우리가 모르고 있던 사실에 대한 전화였다.
2주 전 그 일이 일어났던 날,
하나님은 우리 모두를 부르셨다.

내 소중한 친구가 세상을 떠났다는 소식을 들었다.
믿을 수 없는 일이었다.
나는 아무것도 볼 수 없었고,
내 마음은 이해하지 못했다.

나는 어제 친구를 잃었다,
그것은 진실이었다.
그녀의 남편, 친구들 그리고 가족들과 함께
나는 여전히 그녀를 내 안에 품고 있다.

A Young Man

There once was a man from out west,
With God's love abound in his heart.
Anyone whose life he encountered,
He instantly became a part.

Music was one of the languages he spoke,
A favorite was the Jazzical kind,
He played it full of inspiration,
That could fill the heart, body, and mind.

But sound was not the only music he had,
This young man was involved in life,
Taking everything in stride, making the best of it,
He exhibited few signs of strife.

For his heart was full of God's love you see,
Showing everyone he knew that he cared,
Humor, light mischief were part of his world,
But evil would never have dared.

One day this man, out enjoying life,
Running with it, taking it all in full,
When something had happened abound,
And paused the whole world to mull.

젊은 남자

서쪽에서 온 한 남자가 있었습니다.
그의 마음에는 하나님의 사랑이 넘쳤습니다.
그를 만났던 모든 사람들의 삶 속에서
그는 빠르게 한 부분을 차지했습니다.

음악은 그의 언어 중 하나였습니다.
그 중 재즈를 가장 좋아했습니다.
그는 영감을 가득 담아 연주했고,
이를 통해 마음과 몸과 생각을 가득 채울 수 있었습니다.

그러나 그가 가진 음악은 단지 소리 만이 아니었습니다.
이 젊은이는 활동적인 삶을 살았습니다.
모든 것을 담담하게 받아들였고, 모든 일에 최선을 다했으며,
감정적으로 흔들리는 일이 드물었습니다.

그의 마음은 하나님의 사랑으로 가득했습니다.
그가 알고 있는 모든 사람들에게 보여주는 그의 애정과
유머, 그리고 가벼운 농담은 그의 세상 속 한 부분이었습니다.
악은 단연코 그곳에 없었습니다.

그가 삶을 즐기며
모든 것을 마음껏 누리던 어느 날,
불현듯 온 세상을 멈추게 하는 일이
일어났습니다.

We briefly paused in the darkness,
Then walked on in fear no more,
The Lord has removed the pain and the tears,
Love's stronger than anything, evermore.

God engineers our hearts to feel,
Mechanical we cannot be,
For God's love, our love, is all around,
To touch, taste, hear, feel, and see.

우리는 어둠 속에서 잠시 멈추었습니다.
그리고 더 이상의 두려움없이 길을 걸었습니다.
주님은 고통과 눈물을 가져가셨습니다.
사랑은 그 무엇보다도 강하고 영원합니다.

하나님은 우리가 마음으로 느낄 수 있도록 만드셨습니다.
우리는 기계적인 존재가 될 수 없습니다.
하나님의 사랑과 우리의 사랑은
우리가 만지고, 맛보고, 듣고, 느끼고, 바라보는
모든 것에 존재합니다.

Crazy Heart

Oh crazy heart of mine,

Why do you wish to take me

Where I cannot go?

To a love so sweet and divine,

On a continent far away

To a person I just barely know?

Now, it is, not the time,

To be having such feelings,

And let them run rampant, out of control.

I must improve my shape to prime,

Learn so much more than I know now,

If just the seeds of lasting friendship am I to sow.

미친 심장

오, 내 미친 심장아,

너는 어째서 내가 갈 수 없는 곳으로

나를 데려가려고 하니?

멀리 떨어진 대륙에 있는,

달콤하고 신성한 사랑으로.

내가 모르는 사람에게로?

지금은 그런 감정을 느낄 때가 아니야.

그들이 통제 불능 상태로 온 세상에 퍼지도록 내버려둬.

나는 내 몸을 아름답게 가꾸고

지금 내가 아는 것보다 더 많이 배워야만 해.

영원한 우정의 씨앗을 뿌리기 위해서 말야.

Partners

If we are partners,

I want to be your 2nd priority.

I want your 1st priority

to be you,

your ambitions,

your life,

and your future.

I want the best for you.

Don't let me be your distraction.

Let me be your motivation,

your support,

and your help.

파트너

만약 우리가 파트너라면,

나는 당신의 2순위가 되고 싶어.

나는 당신의 1순위를 갖고 싶어.

당신이 되고 싶어.

당신의 야망,

당신의 인생,

그리고 당신의 미래까지.

나는 당신에게 최선을 다할거야.

내가 당신을 방해하도록 두지 마.

내가 당신을 일깨워줄게.

당신의 조력자로써,

당신을 도울게.

I'M SORRY

I really messed up today.
And maybe lost a friend along the way.
This friend I really care about.
And almost can not live without.
She has been my bright light.
To help me through dark day and night.
I'm sure I gave her quite a scare.
To make certain friends, I would never dare.
Her trust I would not betray.
Though we have not met to this day.
I can only hope she can forgive.
For that to her my all I'd give.
If nothing else, all I can do is say:
I'm sorry.

미안해

난 오늘 완전히 망쳐버렸어.
난 아마 친구를 잃었을지도 몰라.
내가 정말 소중히 생각하는,
내 옆에 없다는 것을 상상도 할 수 없는 그런 친구를 말야.
그녀는 나에게 환한 빛이었어.
내 어두운 낮과 밤을 밝혀주었어.
나는 그녀를 두렵게 만들고 말았어.
그녀가 원하지 않는 이들과 친구가 되지 않을거야.
다시는 그녀의 신뢰를 배신하지 않을거야.
비록 우린 단 한번도 만난적이 없지만,
부디 그녀가 나를 용서할 수 있길 바랄 뿐이야.
그녀가 나를 용서할 수만 있다면 난 무엇이든 할거야.
더 이상 내가 할 수 있는 것이 없다면, 난 이 말을 너에게 전할 거야
미안해.

Clouded Mind

Focus on your own thoughts

Don't think about

other people's thoughts.

They obscure

your thoughts and make it

impossible to think.

Trying to think

the thoughts of others

makes your head

go numb.

It may even cause

your thoughts to

go dumb.

혼란한 마음

자신의 생각에 집중하세요.

다른 이들의 생각에 대해

고민하지 마세요.

그건 당신의 생각을 흐리게 하고,

더 이상 생각할 수 없게 만들 거예요.

다른 사람들이 무슨 생각을 하는지 알려고 한다면

머리 속이 마비될 거예요.

심지어 당신의 생각들조차

멍청하게 만들어 버릴 수도 있어요.

Have a clear mind

and focus only

on what you think.

But, sit back and relax,

don't concentrate

with replete.

When you learn

to clear your mind

your best thoughts

guide you

all the time.

마음을 비우고

자신의 생각에만

집중하세요.

편안히 앉아서

긴장을 풀되

너무 집중하지는 마세요.

마음을 비우는법을

알게되면

최고의 생각들이

항상 당신을

인도할 거예요.

Stargazer

Some nights,

when I look up at the sky,

I wonder,

who else is staring

at that same star

or the moon with me.

And then I wonder,

where are they at,

as we are looking

at the stars

or moon together.

별을 찾는 사람

어떤 밤에

하늘을 올려다 볼 때,

내가 보는 저 별을,

아니면 저 달을

나와 함께 바라보는

다른 누군가가 있을지 궁금해진다.

그리고 또 궁금해진다.

우리가 함께

같은 별을,

아니면 달을 바라보는 순간에

그들은 어디에서 보고 있을지.

Puzzle

I am the future, the present, the past.

The sum of it all, which few will outlast.

I am the dimension, to which all are bound.

Everyone seeks me, but I can nary be found.

Backwards and forwards, sideways and knot,

Before you can realize it, you're already caught.

They say I go 'round, 'most like a loop.

But it all goes down, into temporal soup.

If you know when I am, need you inquire so.

If you need to inquire, then you really don't know.

And now I must go, and finish this rhyme.

'Cause surely you know, that it is time.

수수께끼

나는 미래이고, 현재이며, 과거입니다.

소수만이 살아남을, 그 모든 것의 합입니다.

나는 모두가 속해 있는 하나의 차원입니다.

모든 이가 나를 찾지만, 나를 찾기란 쉽지 않습니다.

뒤로, 앞으로, 옆으로, 그리고나서 매듭이 지어집니다.

깨닫기도 전에, 당신은 이미 갇혔습니다.

그들은 내가 마치 반복되는 루프처럼 움직인다고 말합니다.

그러나 그것은 모두 시간의 수프 속으로 귀결되는 것입니다.

내가 언제인지를 안다면, 당신을 질문할 이유가 없습니다.

만약 당신이 질문해야 한다면, 당신은 진정 알지 못하는 것입니다.

그리고 나는 이 리듬을 끝맺기 위해 떠나야만 합니다.

왜냐하면 당신은 분명 알고 있으니까요. 그것이 시간이라는 것을.

Senior Year

It's winding down
can you feel the sound...

All through the air
no thoughts, no cares, all around...

The time is at hand
when we are all through...

Time to take a break
and have nothing to do...

It's all winding down
time to say goodbye...

To the end of the year
time seems to fly...

But wait
there is no more...

The final goodbye
when I walk through that door...

But, my friends of the last four years
where do we go...

Am I never to see you again
tell me it isn't so...

졸업반

끝나가고 있습니다.
당신은 그 소리가 들리나요..

공기 속으로,
아무 생각도, 걱정도 없이, 곳곳으로..

우리가 마쳐야 할
시간이 다가오고 있어요..

쉬는 시간이에요.
아무것도 할 필요 없어요..

모든 것이 끝나가고 있습니다.
안녕을 고해야 할 시간..

올해의 마지막을 향해,
시간은 쏜살같이 흐르고 있어요...

잠깐만요.
이제는 더 이상...

마지막 안녕이군요.
내가 저 문을 나서면요.

지난 4년 동안의 내 친구들아
우리는 어디로 향하게 될까...

너희들을 다시는 못보게 될까
그렇지 않다고 말해 주렴...

I'm happy and excited
possibly scared and even sad...

On to a new journey
it should not be so bad...

It is all winding down
about to go our separate ways...

I look forward to what's to come
in the future's coming days...

But our past, my friends
that's what we'll remember the most...

We must keep in touch, my friends
let's use the image of the ghost...

Or instant-gram each other
from time to time to see...

What has changed since
when together it was to be...

For four years we spent
parading through the halls...

We changed from being the little
to the great big and talls...

But now it's time to go my friends
there's so much more to do...

I will always have those memories we made
spending so much time with you...

나는 행복하고 설레요.
조금 무섭기도, 어쩐지 슬프기도 하네요..

새로운 여정을 시작하는 것은
그리 나쁘지만은 않을거예요..

모든 것이 끝나고
이제 각자의 길을 가려고 합니다..

앞으로 다가올 날들에
어떤 일이 일어날지 기대가 됩니다..

하지만 나의 친구들아
우리들의 과거는 영원히 기억될거야..

나의 친구들아, 우리 꼭 연락을 이어가자
유령의 이미지를 사용하도록 하자..

때로는 인스타그램에서 만나자..

우리가 함께 한 이후,
달라진 것들은 아마도...

함께 복도를 행진하며 돌아다녔던 4년동안

조그맣던 우리들은
어느새 덩치 큰 녀석들이 되었습니다.

이제 나의 친구들에게로 돌아갈 시간입니다.
해야할 일들이 너무도 많아요...

나는 너희들과 함께 했던 그 모든 시간들을
영원히 간직할거야.

About the Author/저자 소개

A Bucks County, Pennsylvania resident, DJ Reed is a Philadelphia native having grown up in the Roxborough section of the city. He has Associates Degree in Computer Science from the Community College of Philadelphia and Bachelors Degree in Technology Management from DeVry University.

DJ has served as a copy and content editor for several editions of the science fiction fanzine, Norman, as well as content and layout editor for multiple event programs. *Images: An Original Poem Collection* is his first personal publication and poetry collection which he self-published (under his real name David J Reed) in 2018 through Amazon's self-publishing services.

DJ also works as a Voice Actor in the entertainment industry as well as a Social Media and SEO promoter on the internet. He has a special interest in learning Korean and has been lucky to make some good friends in South Korea in the process.

— — — — —

필라델피아의 록스브로우 출신인 이 책의 저자 DJ Reed는 현재 펜실베니아주의 벅스 카운티에 거주하고 있습니다. 그는 필라델피아 커뮤니티 칼리지에서 컴퓨터 사이언스 전문학사를 취득했으며, 데브리 대학교(DeVry University)에서 테크놀로지 매니지먼트 학사 학위를 받았습니다.

DJ는 SF 팬매거진인 Norman에서 카피 및 컨텐츠 편집자로 참여했으며, 다수의 이벤트 프로그램에서 컨텐츠/레이아웃 편집자로 활동하고 있습니다.

Imagas: An Original Poem Collection (이미지 : 원본 시집)은 그의 첫번째 개인 간행물이자 시집으로, 2018년 아마존의 독립출판 서비스를 통해 (그의 본명 David J Reed 로) 자체 출판했습니다.

DJ는 엔터테인먼트 업계에서 활동 중인 성우이자, 소셜 미디어 및 SEO 프로모터이기도 합니다. 그는 한국어 학습에 특별한 관심을 가지고 있으며, 이 과정에서 좋은 한국 친구들을 만나는 행운을 얻었습니다.